À Hélène et Kevin
et leurs bienheureux Mérens.

Mes remerciements au Centre national du livre
pour son aide généreuse.
H. M.

ISBN 978-2-211-**08600** 4
www.ecoledesloisirs.fr
www.ecoledesmax.com

Loi n° 49.956 du 16 juillet 1949 sur les publications destinées à la jeunesse :
septembre 2007
Dépôt légal : mai 2010
Imprimé en France par Pollina à Luçon - N° L54061

Hélène Muller

Tamina, cet été-là…

avec les chevaux de Mérens dans les Pyrénées

ARCHIMÈDE
l'école des loisirs
11, rue de Sèvres, Paris 6e

Bonjour. Je m'appelle Justine et j'ai huit ans et demi.
Mes parents élèvent des Mérens, petits chevaux noirs originaires de l'Ariège, la région des Pyrénées où nous vivons.

Tous les ans, à la fin du printemps, nos juments et les poulains âgés de quelques semaines montent dans les pâturages d'altitude. Ce sont les estives. Ils y passeront six mois en totale liberté.

Bientôt, ce sera la première estive pour Tamina, ma pouliche…

Tamina, c'est la petite dernière, comme moi !
Quand elle est née, papa et maman m'ont fait une surprise.
Ils m'ont dit : « Ce sera ta jument. »
C'est moi qui ai choisi son nom. Je suis fière et je pense déjà à tout ce qu'on fera ensemble quand on sera grandes toutes les deux.

En ce moment, Tamina dort paisiblement près de sa mère. Je ne dois pas la déranger, alors je reste longtemps à la barrière à la regarder, car je sais qu'elle va bientôt me manquer…

Demain, samedi, c'est le grand jour : papa et Mathias, mon grand frère, conduiront les juments là-haut, dans les estives.
Mais avant, il faut préparer ce voyage qu'on appelle la transhumance.

Alors je donne un coup de main à papa qui doit changer les fers usés de Huron et d'Intrépide, les chevaux hongres qu'ils monteront demain. Il faut aussi vérifier le matériel, préparer les sacoches, les tapis de selle, rassembler les duvets, la petite tente…

Tout le monde s'est levé tôt, ce matin.
Bien avant le départ, il fallait nourrir Huron et Intrépide,
les brosser avant de les seller et de fixer le chargement
pour deux jours de randonnée.
Moi, j'ai fait les sandwichs.

Les juments s'impatientent : elles savent bien ce qui se prépare,
mais les poulains, eux, sont un peu troublés par cette agitation matinale.

C'est l'heure du départ. J'ai le cœur serré.
Au revoir, Tamina.

Je n'ai jamais fait la transhumance, mais papa m'a souvent raconté.
Les chevaux vont grimper, descendre, grimper encore, emprunter des sentiers, traverser des routes et des villages.
Ils feront halte souvent pour laisser téter les poulains.
Je ne suis pas inquiète. Papa et notre chien Roux ont beaucoup d'expérience, et c'est la deuxième fois que Mathias est du voyage.

Vers midi, ils feront une longue pause pour que les petits récupèrent.
Ils en profiteront pour se reposer aussi et pour manger mes sandwichs.

Ils arriveront à la ruine en fin d'après-midi.
C'est sur ce petit plateau que papa veut installer
le bivouac pour la nuit.
L'endroit est encaissé, il forme
un enclos naturel pour les chevaux.
Comme promis, papa a téléphoné.

Tous les poulains ont bien marché.
Maintenant Tamina dort profondément,
tandis que les juments broutent.
Papa et Mathias ont allumé un feu pour se réchauffer
et manger chaud.
Là-haut, les soirées sont fraîches.

Ce matin, ils sont repartis de bonne heure.
Ils devraient arriver à la bergerie vers midi.
Pascal, le berger, est un copain de papa.
Il veut bien surveiller de loin le troupeau avec ses jumelles
et il téléphonera, en cas de problème.
Ça rassure papa.

Et puis, une fois par semaine, papa ira les voir
pour vérifier que tout va bien.
Deux juments portent une cloche
afin qu'on puisse les repérer en cas de brouillard.

Après la halte à la bergerie, les juments seront conduites plus loin, jusqu'à leur estive.
Papa et Mathias, eux, seront de retour à la maison demain.

Tamina a tout à découvrir dans les estives.
Elle va d'abord faire la connaissance des moutons de Pascal, puis goûter à des senteurs nouvelles et peut-être même rencontrer des marmottes.

Mais Tamina aura-t-elle peur,
comme moi l'été dernier, du gypaète barbu
planant à la recherche d'un os à manger ?

Pascal a appelé : une jument boite depuis deux jours.
Papa veut bien que je monte avec lui : j'attends ce moment
depuis le début des grandes vacances !
Nous préparons la pharmacie de secours et un sac de sel.
Après la voiture, il faut marcher presque deux heures jusqu'à la bergerie.

Les juments ne tardent pas à arriver à l'appel de papa.
Tamina, enfin!... Un gros câlin et je distribue le sel
sur des pierres, toujours les mêmes, qu'on appelle «assaladous».
Les chevaux adorent ça et c'est bon pour leur santé.
Pendant ce temps, papa soigne Katmandou: elle a un abcès
qui devrait guérir vite.

Août

Depuis plusieurs jours, il fait très chaud.
L'orage menace. C'est sûrement pour ce soir…
Soudain le ciel devient très noir.
J'ai peur pour les juments là-haut.
J'ai peur pour Tamina au milieu du tonnerre et des éclairs.
J'ai du mal à dormir. Les orages de montagne peuvent être très violents.
L'été dernier, deux juments sont mortes foudroyées.

Le lendemain matin, papa appelle Pascal:
tout va bien pour les chevaux qu'il a pu voir au loin.
Mais lui, Pascal, a perdu une dizaine de moutons.
Effrayés par l'orage, ils sont tombés d'un à-pic.

Pascal est triste quand il perd des bêtes.
L'hélicoptère qui ravitaille le refuge des alpinistes
passera dans la journée pour emporter les moutons morts
dans un grand filet.

C'est la rentrée des classes.
Je ne peux plus monter aux estives avec papa.
Je m'ennuie de Tamina.
Je sais que maintenant les poulains
tètent beaucoup moins leurs mères.
Ils deviennent indépendants et passent
de plus en plus de temps entre eux.
Ils se bagarrent, ils se grattouillent,
ils font la course…

Les premières neiges sont tombées sur les estives.
Pascal vient de téléphoner pour nous dire
qu'il va fermer la bergerie et redescendre
ses moutons dans la vallée.
C'est moi qui lui ai parlé, il m'a dit que Tamina
a déjà un beau poil d'hiver.

La météo prévoit d'importantes chutes de neige
dans les jours qui viennent.
Alors, papa a décidé d'aller chercher les juments tout de suite,
avant qu'elles ne soient bloquées là-haut. Il partira juste avec Roux.
Pendant ce temps, nous préparerons les écuries pour leur retour.
Et puis, demain, Mathias et moi, nous irons les attendre
à l'entrée du village.

Clip clop, clip clop… les voilà enfin ! Comme Tamina a grandi ! Elle est magnifique avec son gros manteau d'hiver.
Les habitants du village aiment voir passer les Mérens. Mamie Clérisse m'a raconté que, dans sa jeunesse, chevaux, vaches et moutons étaient beaucoup plus nombreux sur les routes de l'estive.

C'était la fête partout où ils passaient.
Maintenant la transhumance se fait
le plus souvent en camion.

Ça y est, tout le monde est au bercail, comme dit maman.
Comme ça sent bon, toute cette paille fraîche et ce foin si parfumé.
Papa et maman font leur tour d'inspection après cette longue marche.
Rokia a un genou un peu gonflé, mais ça n'est sans doute pas grave puisqu'elle ne boite pas.
Tout le monde a bien profité de l'estive, et Tamina, elle, est toujours aussi curieuse.

Demain, papa séparera les poulains de leurs mères : c'est le sevrage.
Bambou, Rimini et Rokia resteront avec les poulains pour qu'ils ne soient pas seuls.
Comme ça, ils auront vite oublié leurs mères.

Comme prévu, il a neigé à gros flocons pendant plusieurs jours.
Maintenant, le temps est sec et froid et les poulains peuvent sortir.
Ils sont toujours tout fous quand il fait très froid.
Les voilà partis dans de grands galops et ruades de joie.
Ils sont beaux, tout noirs sur la neige toute blanche.

Décembre

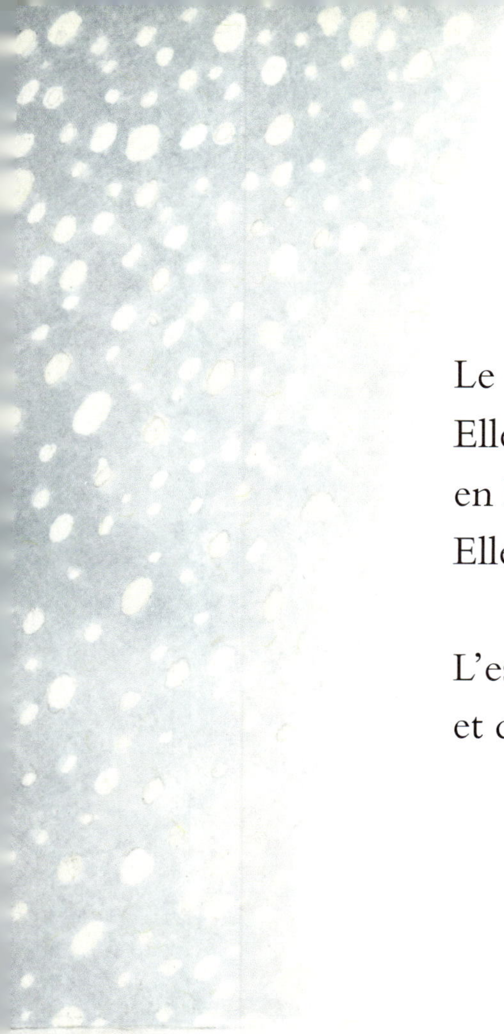

Le soir, en rentrant de l'école, je file voir Tamina.
Elle sent bon. Je me réchauffe contre elle
en lui racontant ma journée.
Elle me connaît bien, maintenant.

L'estive lui manque peut-être, mais déjà le printemps revient
et ce sera bientôt un nouvel été en liberté.

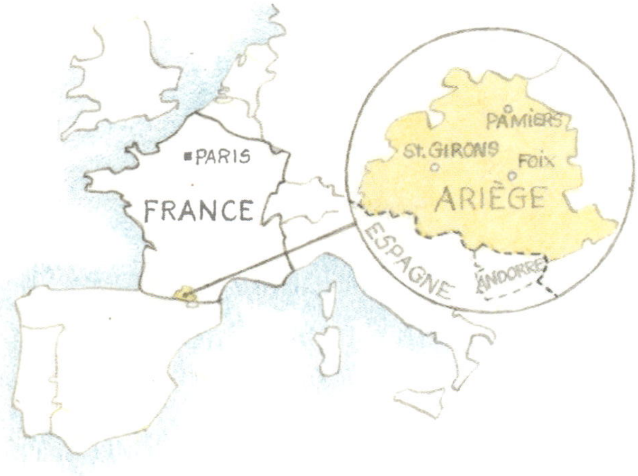

Le «prince noir» de l'Ariège

Originaire de la vallée de la Haute-Ariège
(le berceau de race).
On trouve trace de ce cheval dans les temps
les plus anciens.
En 1720, on l'appelait «noir frontalier d'Espagne».
Après avoir failli disparaître, le Mérens séduit aujourd'hui
des éleveurs partout en France, jusqu'à l'île de la Réunion
et aussi en Italie, aux Pays-Bas, etc.

Le Mérens doit posséder des caractéristiques précises (le standard).
En voici quelques-unes:

• Robe (couleur du poil): noire. Les poulains naissent gris, café au lait ou noirs.
Ils changent de poil après le sevrage.

• Tête: expressive, distinguée, au front plat et large.

• Oreilles: assez courtes.

• Croupe: ronde.

• Dos: large et soutenu.

• Crins (crinière et queue): abondants, drus souvent crêpelés.

• Membres: forts avec des articulations solides.

• Pieds: larges à la corne dure et noire.

Son élevage traditionnel, en estive six mois
durant, lui a donné rusticité, agilité, endurance,
pied sûr et intelligence.
Il est proche de l'homme, doux et franc.

Autrefois utilisé pour les travaux agricoles,
le Mérens est doué pour:

- l'attelage, à un, deux, quatre…
- le débardage (transport des bois coupés) en forêts inaccessibles aux engins à moteur.

- la randonnée (monte et cheval de bât), pour son endurance et son pied sûr.

Mais aussi la voltige,
le T.R.E.C. (techniques de randonnée équestre de compétition),
le saut d'obstacle,
l'équithérapie…

Il peut tout faire!

Équithérapie

Utilisation du cheval pour soigner différents troubles mentaux et psychiques.

Dans l'Ariège vit aussi le castillonnais, toujours de robe baie.
À l'autre bout des Pyrénées, au Pays basque, on trouve un autre petit cheval à la vie presque semblable: le pottok (prononcer potiok).

L'éducation du jeune cheval

Le débourrage du jeune cheval comprend deux périodes :
1. Le poulain est mis en confiance. Dès sa naissance il a été habitué à la présence humaine.
Avant et après le sevrage, régulièrement, caresses et « grattouilles » sur tout le corps l'habituent à la main de l'homme.

Lui apprendre à soulever les pieds le prépare aux futurs soins du maréchal-ferrant. Après l'avoir familiarisé avec le contact d'un petit licol, on lui apprendra à marcher à côté de l'homme (et non derrière lui comme il le fait avec sa mère).

Sevrage

Lorsque la jument commence à avoir moins de lait, le lien l'unissant à son poulain s'affaiblit et, quand celui-ci arrive aux alentours de l'âge de six mois, la séparation peut avoir lieu.

2. Le poulain reçoit les rudiments de son futur métier de cheval de selle.
Entre ses deux et trois ans, on lui fait effectuer un travail quotidien et très progressif. Toujours avec une grande douceur et sans le brusquer, on l'habitue au mors et au travail en longe.
Pas, trot, puis galop ; l'apprentissage se faisant surtout aux deux premières allures.

Après lui avoir fait accepter un surfaix, vient le moment du premier contact avec la selle.
Puis la première expérience du poids d'un cavalier sur son dos et la familiarisation avec les aides par lesquelles celui-ci va agir pour le diriger : voix, jambes, mains, etc.
Bien sûr, tout se fera en tenant compte de la croissance du jeune cheval, afin de le ménager.
Ensuite viendra le dressage, pour développer ses capacités : saut d'obstacle, attelage, etc.

La transhumance et l'estive

Entre la forêt et les sommets s'étend l'estive (de 1 500 à 2 500 m d'altitude).
Vaches, moutons et chevaux y profitent d'une végétation très variée.

Ces pâturages sont appelés «alpages» dans les Alpes.
Estive vient d'«estivar», verbe occitan signifiant «passer l'été».

Les races locales, adaptées à cette vie, sont les plus nombreuses.
Et, pendant l'estive, dans les vallées, les prés «libérés» donnent plusieurs récoltes de foin.

Autrefois, la montagne était beaucoup plus habitée.
Des granges et cabanes abandonnées en sont le témoignage.
Celles qui sont encore utilisées ont été «modernisées».

Éoliennes et panneaux solaires fournissent électricité, eau chaude…

Ainsi, la vie du berger est un peu moins rude.

La flore et la faune

En juin et juillet l'estive se couvre de fleurs, parmi les plus belles des Pyrénées.
Pour certaines, on ne les trouve que là.
Ce sont des espèces «endémiques».

L'estive est aussi le domaine des animaux sauvages.
Quelques-uns, assez rares, appartiennent à des espèces protégées.

Trèfle des montagnes.
Le meilleur fourrage pour les troupeaux.
Hauteur: 10 cm.

Nard raide.
Surnom: «poil de bouc».
Touffes serrées, envahissantes s'il n'y a plus de bétail.
Hauteur: 40 cm.

Ancolie des Pyrénées.
Pousse dans les éboulis.
Hauteur : 10 à 35 cm.

Gentiane printanière.
Sa tige très courte
la caractérise.
Hauteur : 5 à 10 cm.

Lis des Pyrénées.
Rare. Pousse dans les bois
clairs et les landes
Hauteur : 30 à 80 cm.

Crocus printanier
(bulbe). Pousse
à la fonte des neiges.
Hauteur : 5 à 10 cm.

Rhododendron.
Recouvre parfois totalement
les pentes au soleil.
Hauteur : jusqu'à 70 cm.

Chocard à bec jaune (corvidé).
Vit en colonies aux abords
des parois rocheuses.
Ne migre pas en hiver.

Marmotte.
Vit en groupes familiaux.
Hiberne dans des galeries
pourvues de W.-C. !

Ours brun.
Vit en solitaire dans les forêts
entre 1 000 et 2 000 m d'altitude.
S'endort en hiver mais
n'hiberne pas totalement.

Isard (appelé chamois
dans les Alpes).
Vit en groupes l'été entre
2 000 et 4 000 m d'altitude.
En hiver, il descend
en sous-bois.

Gypaète barbu (rapace). Se nourrit d'os.
Il casse les plus gros en les laissant tomber
de très haut sur des rochers.

Lièvre variable.
En été de couleur gris-brun,
il devient blanc, pointes des oreilles
noires en hiver.

Vocabulaire du cheval

Aides : signaux (voix, mains, jambes) permettant de communiquer des ordres au cheval.
Bât : dispositif permettant le transport d'une charge sur le dos d'un cheval, d'un âne, d'un mulet.
Bourre : premier poil du poulain, qu'il perd au sevrage.
Étalon : cheval mâle reproducteur.
Hongre : cheval mâle castré.
Jument : cheval femelle.
Maréchal-ferrant : artisan qui ferre les chevaux.
Poulinière : jument destinée à la reproduction.
Surfaix : courroie entourant le thorax du cheval.

Une bonne adresse

Celle de l'association qui rassemble les éleveurs et utilisateurs du Mérens :

Sherpa-France
Centre national du Mérens
F 09240 La-Bastide-de-Sérou
Téléphone : 05 61 64 59 05
http://www.chevaldemerens.com